排律詩抄

朱啓泰著

文史哲出版社印行

國家圖書館出版品預行編目資料

排律詩抄 / 朱啓泰著. -- 初版. -- 臺北市：
文史哲, 民 98.06
面： 公分
ISBN 978-957-549-844-3（平裝）

851.486　　　　98009780

排 律 詩 抄

著者：朱啓泰
出版者：文史哲出版社
http://www.lapen.com.tw
登記證字號：行政院新聞局版臺業字五三三七號
發行人：彭正雄
發行所：文史哲出版社
印刷者：文史哲出版社
臺北市羅斯福路一段七十二巷四號
郵政劃撥帳號：一六一八〇一七五
電話886-2-23511028・傳真886-2-23965656

實價新臺幣一六〇元

中華民國九十八年（2009）六月初版

ISBN 978-957-549-844-3　　85220

排律詩抄序

形成於中國歷史上詩歌黃金時期唐代之律詩，乃集合修辭學，音韻學，美學原則所構造之詩體，工整而有錯綜變化，鏗鏘而抑揚有致。故元代詩論家方回云：「文之精者爲詩，詩之精者爲律。」（註一）洵傳統文化中之英華也。然而由於其格律特嚴，今人或視爲畏途，至於篇幅加長之排律，則雖古之作者亦有以爲難能。中唐著名詩人元稹曾極力推崇杜甫長篇排律曰：「至若（杜之）鋪陳終始，排比聲韻，大或千言，次猶數百，詞氣豪邁而風調清深，屬對律切而脫棄凡近，則李（白）尚不能歷其藩翰，況堂奧乎？」（註二）此處片面貶低李白，固不恰當，惟元氏心目中排律體制之尊與格調之高，情見乎辭矣！

東臺朱啓泰先生，生於書香門第，幼承詩教，長治理工。一九四八年畢業於大同大學電機系，輾轉赴美，在密西根大學研究院專攻自動控制，獲碩士學位。曾任波音公司工程經理，主持飛機電子線路設計。千禧年金婚後，肆志吟詠，雅好作近體，而致力於排律。余於二千零二年至二千零五年曾養痾於華州西雅圖，因友人柯朝岳、李保馨賢伉儷介紹，得與先生相識。屢蒙賜教，切磋詩藝，受益良多。今又以其近數年中所作《排律詩抄》寄贈，捧讀驚喜，庶幾唐人標舉「鋪陳」「排比」之逸響復振於當代也。

《詩抄》滙集力作八十餘篇，題材廣泛，詞意縱横。凡史事及人物功過之敘説，時局及社會現象之評述，自然風光與環境演變之描寫，科學技術發展之形象概括，先賢親友之追思與懷念，詩歌藝境繼往開來之暢想，皆渾浩流轉於字裡行間。謹按如此充實華瞻之內容，自非四句或八句絕、律短章所能容納，而運用具有高難度之排律作爲表達形式。竊謂其作者蓋兼備以下諸項重要因素：關切社會現實、人類命運之寬闊胸懷與沉鬱感情，豐富之人生經歷與貫通中西之學識，深厚之古典文學修養與堅實之詩律學基礎，以及精研數理工程之學所造就之科學方法、求實態度與創造精神。衆美相濟，而新時代之「詩史」(註三)斐然成章焉。

略呈讀後浮想，聊當芻言。懇祈明教。

顧易生二千零八年夏日於德州休士敦市

(註一）見方回《瀛奎律髓》。
(註二）見元稹《唐故工部員外郎杜君墓係銘序》括號（）內的文字爲引用者所加。
(註三）杜甫之詩以「善陳時事」而「世號詩史」，見《新唐書》之《杜甫傳》。
作者補註：《唐故工部員外郎杜君墓係銘序》或作《唐故工部員外郎杜君墓系銘序》。

蔣序

朱君啓泰與余少年同班同學而兼鄉戚世誼。抗日戰爭勝利後，又同在滬上攻讀大學。君習理而我習文。學問之道，鮮有切磋。大陸鼎革後，音訊杳然，時逾半紀。直至三四年前，始輾轉得知彼此近況。不久又承寄贈大作「天外飛鴉集」，驚喜不已。得知君雖身居北美多年，於主持工程之暇，猶寄情華文舊體制詩歌。千禧年金婚後，幾日有所作，於絕句律詩之外，尤愛排律長歌。二三年間，竟又集腋成裘，編成專冊，名曰「排律詩抄」。業精於勤，於斯可見！

中華詩歌，歷史悠久，名人佳作，不勝枚舉。漢揚雄曾謂「詩賦小道，壯夫不為」。每為後世所非。今讀朱君之作，益覺揚雄之謬。蓋詩本短製，近體律絕，字句有定，易於抒情而難於議敘，而朱君之作，內容宏富：論歷史，談時事，評人物，講科技，記遊蹤，抒豪情，決非三五十字所能供其揮灑，因以長歌而救其短。尤為難能者，君年逾八十，筆下每有激盪風雷之勢。誠可謂老當益壯者也。

「排律詩抄」將付梨棗，有幸先讀爲快，敬獻芻蕘之言如上。

東臺蔣宗禹公元二千零八年清明節於揚州

自序

詩的題材（二千零七年）

題材俯拾時時有　興發靈開處處詩
萬景千情多傑作　新聞故事好遐思
魚蟲花鳥因人寄　日月星辰耀地滋
科技巫醫工藝事　外交商務對談辭
大洋水漲高潮湧　空氣塵汙萬裏彌
爭奪油源身自爆　搜防恐怖術潛施
光纖電腦交流便　溫室全球暖化隨
宗教耶回銷敵意　朝伊原子制時宜
銀行貸款貧民赤　經濟危機國債訾
意到心頭沖口出　句吟世事脫韁馳

這是本書第七章所載的一首詩。我特地抄錄下來解說：

廿一世紀將是進展快速，問題最多的世紀。科技醫藥方面，將繼承上世紀，加速發展。空氣和水的污染，使人百病叢生。貧富差距加大和爭奪資源，會導致人類相互敵視和戰爭。工商業的發展，大量使用能源，引起溫室效應，風暴頻繁，海水上升等等危機，和未來糧食生產不足。世界經濟的動蕩。中東耶回兩教的互不相讓，可能會引起原子大戰和人類末日的來臨。這一列驚心動魄的大事，現代詩人寫現代的事物，常因四句的絕詩或者八句的律詩，句數不夠；不能盡情發揮，寫完詩中重要的情節。加上現代事端，愈趨繁複，前因後果，往往牽涉廣泛。爲了讓讀者通盤瞭解，需要增加幾句，才能做到。

在這種情形下，一般詩人通常用古體詩寫作。但我卻特別喜用排律詩體寫作。原因有四。第一、排律詩體自唐宋以後，很少有人寫作。流行的唐詩三百首中，也沒有選用過一首。在現代一般人中，知道這種詩體的人很少，寫作排律詩的詩人更少。爲了讓排律詩繼續存在和發展，我們應當多多寫作。第二、律詩的優點，是對句的運用，可以引進不同的事物，而沒有牽強附會的感覺。這有些像電影中換鏡頭時要找類似的情景，不讓他脫節一樣。現代很多繁複的詩題，用排律寫作，可以四句四句地增加。峯回路轉，進退延伸。情景變換，不覺生硬。第三，因爲排律詩詩譜的平仄結構是四句四句的重復，在調整修辭方面，可以二句二句地在詩譜同等位置上移前移後，平仄不須變動。第四、排律詩體有很好的音韻面和藝術面。容易吸引讀者閱讀，吟詠及加強記憶力。（關於詩的音韻面和藝術面，請閱拙作漫談中國近體詩第三章「詩的六種面」。）

本書初稿得蔣宗禹學長作序及至友潘錫龍先生多方指教並賜詩跋。特此致謝。後又得前復旦大學著名文史大師江南才子顧易生先生的寶貴序言，引用元稹《唐故工部員外郎杜君墓係銘序》

及方回《瀛奎律髓》古文。使作者眼目一新；使拙作敝帚生花。不勝感激之至。

朱啓泰識二千零九年二月於美國華盛頓州雲通嶺

排律詩抄

目次

第三章　時　事

第一章　緣　起

本人在二千零一年張學良先生去世後，曾用七陽韻寫了一首輓詩。在西雅圖市西華報刊載時，二首詩連在一起，用韻又相同，很像一首排律。因此引起我對寫長篇排律的興趣。在我的寫景與時事詩中，常常在八句的律詩後，再加上四句。二年後，蔣宋美齡女士去世。因爲有關她的故事多，本人便初次寫了一首二十句的排律輓詩。後來再動筆籌寫毛澤東時代詩。起初僅寫了廿八句。但毛主席的事情實在太多了。短短廿八句豈能寫完他的一生？只有多讀參考書籍，尋找資料。好友邱炳華先生及唐王仁珮女士提供很多參考資料給我；並得到潘錫龍與高之濬二先生在詩句上多次的推敲和指教，逐漸增加到六十句。最後李熊飛先生借給我「長征」電視劇的錄影碟，看完後再增加四句，才算初步完成。這首詩至今我一直還在推敲詩句，逐字逐句地修改。自二千零四年二月定稿後，已經改了廿一句。

後來發覺毛主席，允文允武，集中國古史兵家之大成。譽爲廿世紀傑出的軍事家和中國詩詞優秀的殿後人，當不爲過。至於他晚年漁色，好大喜功，迫害異己，殘民以逞，以不知爲知之，造成世界上最大的飢荒；其後十年文革，消滅人性尊嚴，則所害甚烈。然而毛澤東時代的無驕兵，少貪官，不傳天下於家，使得五千年古國能真正躋身於世界五強之列。炎黃子孫，能在僑鄉異土，不受當地不平等法規歧視，毛氏於國家民族，亦有微功。至於他在戰略和戰術方面的成就，使得擁有最先進武器的強權美國，在韓戰與越戰中，一籌莫展。開創了近代史上，以弱制強的鬥爭法門。如此人物，是非功過，自有歷史定論。但他超人的思想謀略，豈能沒沒無聞。因此靈感又來臨，再寫了一篇四十四句的毛澤東之歌。

寫了這三首排律詩以後，我的信心大增。對排律詩的對仗，也容易處理。接連寫了幾首史詩，記事詩和慶詠詩。由於歷年來遊山玩水，奇形美景，留在心中，印象很深。便繼續寫了一些旅遊風景方面的詩。其中長江歌，完成於二千零四年，原來只有十二句。後來想想十二句太短，不能充分寫出有關長江的風光。因此又重寫一首卅六句的「新長江歌」包括有關長江地區的人文，史地及近代發生的大事，於二千零七年完稿。後來在整理舊詩稿時，撿出幾首同題的詩篇，合併為排律詩。如華盛頓湖記事，詠司羅誇米瀑布，阿拉司加記遊等等。今年再讀舊作「大哉鄭和」時，覺得鄭和是世界歷史上第一流的航海探險家，早於哥倫布八十餘年。往返西洋七次。船隊規模宏大，遠非哥倫布所率領之三艘船可比。而組織之嚴密，設備之先進，計劃之周密，規模之廣大以及對中華僑民之功績，時至今日，亦不勝欣羨。擬增改為排律。商諸好友鄭和學會田長悼兄。田兄提供很多有關鄭和的資料。花費了四個月的時間，逐漸增加到六十四句。並將詩題改為「鄭和下西洋記盛」。多謝田兄。

由於近幾年來，作者所居的華盛頓州，風暴頻繁。而且逐漸增強。對於環境保護問題，感觸良多。加上本人是學科技的，因此也寫了幾首科技環保的排律詩。

詩句下有*符號。因該句或後句是孤平。曾用平聲字代替仄聲字補救。請閱拙著漫談中國近體詩。

第二章　史事

毛澤東時代（二千零四年二月作）

計謀權術精韜略　文史縱橫自貫通　漢武秦皇功業藐　曹操句踐譎觚崇
共和五族龍旗倒　學運新潮赤幟烘　脫困崗山辭舊寨　閒觀錦水念衡嵩（一）
操危遵義傍偟舵（二）　惑總金沙穩渡戎（三）　翻越雪山逢黨與（四）　經營陝北吸農工
八年抗日鄉村隱　十載生儲羽翼豐　一戰中原人海擁　三談和議炮聲隆
登機棄陸飛台島　復職辭鄉走蔣公　塡海攻堅多勇卒　望洋興歎少艨艟
干戈厭足生民苦　天下歸心滿地紅　抗美援朝貔出柙　增糧去害雀驚弓
推行三反揪芻狗　鳴放百花尋駮驄（五）＊　階級鬥爭千萬敵　笙歌妙舞獨夫宮
爭權失寵高崗死　反黨羈囚漱石終　築壩開爐公社建　鍊鋼伐木眾山空
忠言逆耳除彭帥　覆雨翻雲不倒翁　躍進瘋行狂退縮　標高慘跌慄荒窮

餓莩千萬飢民億（六）　粉黛輪番妊麗充（七）　毛語紅書尊聖諭　隨身寶典教生童
升空飛彈攜氫彈　泳渡江風破浪風　赤腳醫生來下里（八）　丹丸草藥治愚蒙
衛兵小將興文革　馬跡蛛絲審蟄蟲　整鄧批劉無國主（九）　縱林祖婦擁吾躬
乒乓會美通鷹敵　珍寶疏俄遠極熊　陰伏林彪魂化鶴　沉浮老鄧命飄蓬
美中簽定聯盟約　華日締交兩國融　東亞病夫沈痼痡（十）　睡獅醒夢旭陽瞢
寡人領導提新貴　八將更防弭閱雄（十一）　結夥四人連出擊　無端二聖屢遭攻（十二）
恩來作古明今後　華總稱心左右中　老死蓋棺身不朽　國門新粉月玲瓏

註：（一）毛氏在江西瑞金政府中，被貶去重要職務。

（二）毛氏在遵義會議中奪回領導權。

（三）蔣中正在貴陽指揮剿共。紅軍進行路線時變，終於渡過金沙江北上。

（四）翻越雪山後遇張國燾紅四軍。

（五）鳴放百花尋駁聽，此句指百花鳴放後的鬥爭。

（六）在 Mao a life, Page 505 書中，作者 Philip Short 說：在一九五九及一九六零年二年內，中國有二千萬人餓死；一九六一年有五百萬人餓死。更多人挨餓。

（七）彭德懷語毛氏：後宮佳麗，粉黛三千。

（八）下里，鄉里。

（九）劉少奇原任國家主席，去職後，毛氏撤銷國家主席。

（十）一九七二年尼克森來華時，毛氏患心臟病，勉力招待美國總統。

（十一）一九七三年，毛氏問鄧小平：我死後，國家會怎樣？鄧回答說：天下大亂，軍閥混戰。一九七三年末，八大軍區司令員對調。

（十二）四人幫批判孔子周公。

毛澤東之歌（二千零七年十二月作）

春風化雨導農工　奪國爭鋒世紀雄　博覽群書研史細　夢超三島笑談豐（一）
元璋匡胤機心得　韜略孫吳計策崇　允武允文儒將用（二）　大臯大智政綱通
多多益善膺韓信（三）　煦煦爲仁效沛公（四）　視死如歸兵卒眾　捨身取義血花紅
迂迴運動精兵法　權術縱橫重事功　以弱攻堅人海湧　欲擒故縱百家窮（五）
強權不懼援平壤（六）　小節虧傷亂後宮（七）　傾國傾財填慾壑（八）　抗倭抗美抑夷戎（九）
勞民勞幹輕嬴政（十）　無法無天勝悟空（十一）　矛盾陽謀尊實踐（十二）　猜疑譎詭仰神聰
攻心批鬥尋私隱　唯物浮誇入昧蒙　造就無知充打手　精研古體詡詩翁

吟哦不減行雲意　游泳難忘佈雨衷　高處神靈威望重　深居舵手譽名隆

飢民粥粥無根掘　臨死依依索食充　非聖非賢非國主　獨行獨斷獨夫躬

十年文革泯人性　三反整風搜墓螽＊　災禍連連吾夢夢　童山濯濯火熊熊（十三）

子孫未獲皇王繼　冤案重翻死者終　世界五強華夏古　蓋棺論定醒獅東

註：（一）三島。俗稱英國本土爲英倫三島。毛氏在一九五八年搞大躍進，土法鍊鋼，要將鋼產量提高，超過英國。

（二）將用。猶將才。

（三）多多益善。史記：韓信將兵，多多益善。

（四）煦煦爲仁。謂小仁小義。見韓愈原道篇。

（五）百家窮。指鳴放後，百家爭鳴後的整肅。

（六）平壤。北朝鮮首都。

（七）彭德懷語：後宮佳麗，粉黛三千。

（八）慾壑。如溝壑深的慾望。

（九）夷指東夷日本，戎指西方列強。

（十）嬴政，秦始皇姓名。

（十一）毛氏在一九七零年接見美國記者斯諾說：我是和尚打傘。意謂既無髮（法），又不見天（無天）。

（十二）毛澤東曾著矛盾論和實踐論二篇。

（十三）煉鋼時的熊熊火光。

鄭和下西洋記盛（一）

大哉三保監　和也海疆雄　甫卸扶桑使　重征水上鴻
金陵船出塢（二）　劉港隊成虹（三）　浩浩羣帆集　茫茫遠霧濛
寶船千卒寄　巨舵六尋楓（四）　飲水專船供　冰房食物充
絲艙藏賜品　馬舫畜青驄　統領多宮監　醫羣治病戎（五）
磚茶腥毒解　燈鴿令傳通（六）　海道針經指（七）　導航天極空（八）*
兵員三萬眾　艦隻百型艨　萬事均齊備　從行有匠工
離離原上草　鬱鬱島浮蔥（九）　當道除宵小　清途覆盜艟
西疆多化外　異地有潛熊　海域人煙集　都城首領瞢
前鋒逢勁敵　勇卒挽彎弓　鳴炮增聲勢　陳兵止虜攻

下舟宣聖旨　賜錦裏膚銅（十）　賓主歡呼樂　舌人通譯融
藩邦迎上使　設宴享深宮　王室朝參貴　街頭暮問窮（十一）
中東宗教眾　身毒土邦懞（十二）　帖木威如虎（十三）　回疆蟄若蟲
縱橫談戰策　協力共防蒙（十四）　貿易風雲擁　啇船過往豐
締交三十國　往返七洋風（十五）　廿八年華短（十六）　六三高壽終＊
麒麟隨貢獻（十七）　仁德仰神聰　僑客千邦寄　他鄉聖跡崇（十八）
歐人探險繼（十九）　西印誤訛東　新陸移民集　紅番喪地訌（廿）

註：（一）三保太監鄭和生於洪武四年「公元一三七一年」，曾於永樂二年「公元一四零四年」出使日本。翌年，率二百四十多艘船隊，二萬七千四百餘名兵員遠航西洋。

（二）船隊中有寶船六十三隻，在南京船塢製造。大者可以容納千人。

（三）船隊自太倉劉家港出發。

（四）在南京鄭和造船廠遺址掘出的巨舵有十五米長。八尺為尋，六尋，四十八尺。

（五）船隊中有一百八十餘醫務人員。

（六）船隊間聯繫用燈光與信鴿通訊傳令。

（七）導航設備有海道針經，二十四與四十八方位的指南計結合過洋牽星術「天文導航」。

（八）天極，北極星之別名。此句爲避免孤平。改用天極。
（九）鬱鬱，茂盛也。蔥，蒼色，佳氣盛也。
（十）膚銅，古銅色的皮膚。
（十一）暮問窮，詳細問當地的情況；或慰問當地的窮人。
（十二）身毒，印度古譯名，土邦很多。
（十三）帖木威如虎，帖木兒，蒙古人，元室支裔，據有察合台汗國地，先後滅伊兒汗國，欽察汗國，降印度，敗突厥，軍威如虎。
（十四）歷史學家向達、尙鉞提出，鄭和下西洋是針對蒙古，帖木兒帝國東進。聯合西方印度等國，牽制帖木兒帝國的後方。
（十五）往返西洋七次。
（十六）鄭和下西洋，自永樂三年「西元一四零五年」到宣德八年「西元一四三三年」病死歸航船中，共二十八年。享壽六三歲。
（十七）永樂十一年麻林迪特使來中國進貢，呈獻麒麟。
（十八）爪哇三寶隴附近有三寶洞，祀鄭和，香火甚盛。
（十九）八十餘年後，哥倫布率船三艘西行往東方印度未成，但發現新大陸。

（廿）紅番，美州紅番。訌，潰也，敗也，亂也。

讀史有感（二千零四年七月作）

興盛難持久　奢華漸隱淪　安居生胖體　飽食喜奇珍
富庶人情少　貧窮善意真　官高驕氣足　財廣慧心湮
守職憑勤毅　謀生競苦辛　操勞兒女習　懶惰子孫循
欺弱常殃己　攀強豈保身　登高思慮遠　芳草不長春

高風亮節

高風豈是尋常事　滄浪漁歌屈子悲　妙語老聃難解意　鼓盆莊子戚哀思
杞梁妻哭城牆倒　紅玉鼓催兀朮疲*　易水淒風遊俠去　滿江紅淚帝心虧
祁山六出孤星隕　季布千金一諾持　弘福玄奘經典譯　彩衣老萊孝親嬉
延平赤嵌紅毛降　吳鳳高山獵首犧　七下西洋三保監　三遷孟母聖兒居
自由平等歐西創　民貴君輕孟氏辭　光耀彈丸新國建　小平兩制一邦宜
百家諸子題材富　四庫全書管穴窺　讀史時欽高義妙　匆匆筆記入吾詩

民主政治（二千零七年作）

食之者眾生之寡　都市人丁日日加　健婦無郎多產助　農夫播種缺錢賒
鄉間百里醫師少　城鎮萬家商客譁*　陋屋空庭墟鬼集　高樓大廈郡州衙
窮村僻壤留孤老　落照秋楓失暮鴉　空谷足音悲政棄　貧民窟滿選民爺

註：十九世紀末，美國鄉村人口約佔總人口的百分之廿。一世紀後，鄉村人口僅有總人口的百分之一強。因爲人口少，當政者常忽視鄉村利益。年輕人多往城市工作。以致很多小鎮，只有少數老人。逐漸成爲鬼鎮。而城市居民，貧窮者可獲得政府救濟。因此選舉時，候選人多開出有利於貧民的政策，中年婦女，有人只靠子女們的救濟金生活而不工作者。

殖民地的悲哀（二千零五年四月作）

列強心狠毒　征服用分離（一）　印度邦彊別　中華地域歧（二）
鄉愚輕道義　朋黨奪權癡　省籍無高下　宗親有幹枝
弟兄爭口氣　虎豹露牙窺　鷸蚌漁翁利　乖張手足羈（三）

註：（一）印度有佛教，印度教，回教派別和區域。英人征服印度，因常用分離政策，使得印度人不能合併。
（二）列強在清末原想瓜分中國，劃分地段和勢力範圍，並利用各地區言語與習慣的不同。擴大區域間的敵意。
（三）乖張，不相合或性情執拗。羈，束縛也。

華僑頌（二千零四年三月作）」

黃河帶土黃　湖廣水汪洋　物富天時正　民濡孔孟香
中原遭變亂　空郭去逃荒　沿海人煙密　他邦地壙良
流亡辭故里　開墾闢僑鄉　龍舞乾坤大　瀛寰說漢唐

劉銘傳治台記（二千零四年七月作）

廟堂大器武夫雄　寶島經營六載終　法艦縱橫南海域　清庭憂急九成宮
將軍奉旨防來寇　巡撫無船斃帥戎（一）　整建海防修港口　振興礦業採金銅
開通鐵路先全國　購駛航輪往遠東　電訊伸延聯大陸　圖強規畫補天工

註：（一）法國海軍將領孤拔，一八八三年率軍襲安南東京，中法戰起，侵福州，敗南洋艦隊，據澎湖島，登

陸基隆時中砲卒，葬於基隆海邊。今海水浴場附近。

趙紫陽解救四川饑荒記（二千零五年二月作）（一）

自古四川天府國　大談建設鬧饑荒　村莊公社無存米　生產農民缺口糧
書記單車行僻路　趙公整日訪窮鄉　相詢野老消災法　對答同聲怨太陽
上說高溫天氣暖　可增一季稻花香　平坡引水梯田闢　佈穀廣聞鳥語揚
莊稼須遵規律定　青秈未飽割禾忙　新章修改時宜變　雜糧加增穀滿倉

註：（一）中國四川省原稱天府之國。是國內穀倉之一。但在上世紀七十年代，農村大搞建設，擴大稻田面積，將坡地改建梯田，推廣水稻，代替雜糧，並規定一年要加增一季稻米收成。因此糧食生產反而下降，大鬧饑荒。政府派趙紫陽爲四川省書記，因地制宜。饑荒終止，稻穀豐收。

新加坡建國記（一）

馬來不喜全民政　惟恐結盟他族強*　藉口聯邦增暴亂　趕開叻埠得和祥
李公建立新邦苦　星島籌謀總理良　缺水愁糧依外運　同心異族合經商
共尊國語爲英語　沐浴春光接歲光　捷徑輪船穿海峽　名城電訊達遐荒

金融信託商機廣　航運交通轉口忙　重法尊儒今國策　仲尼孟軻古麟凰
民權平等人人享　儲蓄安居戶戶康　無慮無憂勤敬業　自由自在望來檣

註：（一）叻埠，星島皆新加坡別名。

洋洋大觀記牌樓（一）

景街擁擠千人聚　映日輝煌百彩流　西雅圖區多雨潤　中華門宇獨春浮
牌樓高雅新裝美　冠蓋紛紜贊語優　市長致辭中歉意（二）　西城護弱遠謀猷
地臨車站交通便（三）＊　亭有浩然正氣謳（四）＊　法鼓淨宗慈濟善（五）　龍門四海大同遊（六）
人人服務晴園靜（七）　戶戶安寧福地幽　週報華文三鼎足（八）　書刊包裹獨家郵
安東新陸同名店（九）　美國聯儲對路頭（十）　鼓樂喧天鳴爆竹　龍騰獅舞戲珠球
文輝小燕高瞻遠（十一）　偉俠德麟詳計籌（十二）＊　百世坊存留古意（十三）　七年工竣暫時休（十四）

註：（一）二千零八年二月九日，西雅圖華埠中華門牌樓正式啓用。華盛頓州州長及西雅圖市市長等蒞臨觀禮，盛況空前。

（二）西雅圖市長尼考斯（Greg Nickels）在牌樓啓用典禮中談到一八八六年排華事件。特別向華人道歉。當年華人已被迫將登船離開，劣徒公然在碼頭搶劫。市長聞訊震怒，派遣保安隊保護華人回家安居，因此西城華埠得以保留。

（三）牌樓對街有捷運車站地下道入口處。

（四）附近公園中有浩然亭。謳，歌也。

（五）法鼓，淨宗，慈濟皆佛教慈善團體。

（六）龍門，四海與大同酒家。

（七）西雅圖華埠慈善機構人人服務社內，特設晴園，爲老年人聚會處。

（八）西雅圖華埠，有西華報，西雅圖新聞及西城時報三家中文週報。

（九）陸安東與新安東藥材行。

（十）美國聯儲銀行與華盛頓聯邦儲蓄銀行隔路相對。

（十一）李文輝，牌樓基金會董事局主席。吳小燕牌樓基金會董事。

（十二）方偉俠，魯班建築公司主持人。伍德麟，牌樓基金會幹事主席。

（十三）坊，即牌樓。

（十四）牌樓興建，歷時七年。今年完工後，基金會擬再接再厲，建立第二座牌樓。

西華園詩仙李白像贊（一）（二千零四年作，新增十二句）

對聯：鶴唳猿啼非是夢　雙龍征雁易成迷

捉月仙魂來普捷　乘風石像渡洋西　新亭古木園中隱　故國山河夢裡睽
一枕松風聞鶴唳（二）　半窗明月聽猿啼（二）　三分武漢煙籠鎮　千里江陵壩與堤
大道雙龍紅白寐（三）　廣場征雁嘯吟棲（四）　昭君青塚空憑弔　總統名州再拜稽
學子歌狂知校近　太空針聳望雲齊（五）　高山曲海詩緣結　玉兔中天醉影迷

註：（一）西華園在西雅圖南區社大學內，與五號國道及波音機場甚近。園內有中國四川省雕塑家葉毓山教授所雕詩仙李白石像。於二千零四年五月，由中國運來西雅圖市，送贈西華園，筆者曾作詩記之。

（二）一枕松風聞鶴唳　半窗明月聽猿啼　係家叔祖珍藏青蓮居士乩賜對聯中二句。

（三）附近五號國道來來往往各有車道四條。晨昏夜晚燈光閃動，但見車前白光與車尾紅光相結如白紅雙龍。

（四）飛機在機場升降。升空時嘯聲高亢。降落時吟聲低唱。

（五）太空針在西雅圖市內，高聳入雲。

聲討日本歷史教科書篡改「為禍東方」史實記事

千年臣屬曰扶桑　文物衣冠慕大唐　柔道元贇傳武技（一）　經書舜水講明堂（二）
民貧地瘠梯田寡　海上倭奴盜嘯張　屢犯中華沿海地　畏逢俞戚健兒郎（三）
神風保佑元舟覆（四）　明治維新國勢強　吞併琉球高麗國　垂涎東北內蒙疆
經年蠶食難塡慾　七七蘆溝啓戰場　帶女拖兒辭故土　逃生避禍別家鄉
留防淞滬孤軍勇　屠殺南京教會藏　放火殺人顏色赤　姦淫虜掠獸行狂
台莊大捷民心奮　全國歡騰旨酒香　阻敵花園河口決　防空重慶洞屍殃
連天炮火晴空黯　半壁江山白日茫　精衛和平新主政（五）　中原又見小兒皇
長沙四戰通湖廣　遊擊伸張擾後方　納德來援飛虎聚　駝峰空運急需忙
洋洋戰閥欣欣喜　赫赫中書業業襄（六）　搶掠貨財充國用　共榮東亞入圈昌
意猶未盡思溫暖　心照神交仰上蒼　兵指印支南進速　偷轟珠港黑煙揚
馬來新島英軍弱　菲島婆羅戰績良　補給長途軍略忌　多開戰線後援傷
珊瑚海戰精英失（七）　近島琉球衛戍殤（八）　空襲東京焚燬廣　炸平工廠武威亡（九）
長崎廣島遭天譴　原子菌雲罩地光　急急昭和宣聖諭（十）　慌慌鈴木出言惶（十一）

投降俯首無條件　放下屠刀守紀綱　麥帥高居盟主席（十二）　重光簽字受降章
阿南切腹含羞死（十三）　近衛無辭仰藥戕（十四）　六十餘年生聚足　百千戰犯著神裝（十五）
上香靖國祈神佑（十六）　下跪求魔助己康　細數太陽旗上血　怎容史實任雌黃

註：（一）明亡，明臣朱舜水，陳元贇滯留日本。元贇傳日本中國武術中以柔克剛之道，遂創柔道。

（二）朱舜水授中國經史及王陽明知行合一之學。名重當時日本公卿。

（三）俞大猷與戚繼光爲明朝剿滅倭寇名將。

（四）元軍擬攻日本，海上遭遇颱風未果，日人尊稱爲神風相助。

（五）汪精衛潛離重慶經河內往南京組織僞政府。

（六）中書，唐代宰相職位。當時日本軍閥囂張，首相孤掌難鳴。

（七）珊瑚海戰爲美日戰爭中轉捩點。日本海軍空軍一敗塗地。

（八）美軍進攻琉球，日軍棄守，喪失近島。美機自那霸機場起飛，時時空襲三島本土。

（九）武威，軍事威力，見管子《版法》。

（十）一九四五年日皇昭和宣告無條件投降盟軍。

（十一）鈴木，當時首相。

（十二）受降書在東京灣內美國米蘇里號軍艦甲板長桌上簽字。盟軍方面由麥克亞瑟元帥及美，中，英，俄，澳，紐，荷，法，加九國代表及日外相重光葵與大本營參謀長梅津美治郎簽定受降書。

（十三）阿南惟幾大將切腹自殺。

（十四）前首相近衛仰藥死。

（十五）日本靖國神社內很多戰犯，尊如神像，受國人崇拜。

（十六）前日相小泉年年往靖國神社上香，跪拜戰犯，有如神祇。

第三章　時事

一九八零年聖海侖火山爆發記事

山形經日改　陸續土丘隆　鳥號天方曙　山崩耳振聾
柱煙沖昊漢　峰頂失蒼穹　灰播三州落（一）　泥淹百物幪
幽靈湖滅跡（二）　地下室埋翁　記者貪奇景（三）　身亡錄像紅

註：（一）聖海侖火山（Mount St. Helens）爆發後，火山灰吹到華盛頓，奧立崗，愛達荷三州。

（二）幽靈湖（Spirit Lake）畔有老人（Harry Truman）不肯離開，火山爆發後，人湖皆消失。

（三）某一新聞記者爲了拍攝火山爆發時的情景留守山上。他死後，有人找到他留下的錄像帶，內有一九八零年五月十八日晨火山初爆時的實況。

伊拉克局勢今後堪憂（二千零三年十月作）

流沙多壤土　得水草欣榮　新雨荒煙熄　溫風綠意生
牛羊遮曠野　遊勇散鄉城　政府無規律　教區常鬥爭*
安居非易得　無業可橫行　點線難防守　孤軍衛困營

竊國者醜（二千零四年三月作）

跳樑尋寶座　竊國不操刀　政局波濤譎　扁蓮計術高
調查差選票　聲譽患官曹（一）　子彈穿皮肉　血花留外袍*
報章爭發佈　民黨競喧囂　苦計同情眾　真兇不見逃

註：（一）官曹，官吏辦事機構。

二千零四年聖誕節後印度洋海嘯記事（二千零五年一月作）

一線長虹白沫滔　疾逾奔馬海天嚎　嘯聲奪魄須臾至　睹景驚魂即刻號
巨浪奔騰摧屋壁　怒濤飛捲覆船艚　兒啼女哭無時顧　妻散夫分迅捷逃

家破人亡屍擁集　磚殘瓦碎犬爬搔　空空旅舍辭房客　漠漠田園見蟹螯
港埠工停熙攘攘（一）　漁村劫後亂糟糟　蕭條百業悲天禍　印度洋邊損失高

註：（一）熙熙攘攘，煩囂紛錯之貌。

二千零四年紀事（二千零五年四月作）

怪事年年有　今年特別呵　凱萊長口舌　布氏得人和
子彈輕經內　陳頭唱凱歌　華州爭首位　選鬼出墳窠（一）
自殺伊遊眾　傷亡百姓多　年終來海嘯　卅萬喪洶波

註：（一）華盛頓州州長選舉。選票中有死人記名投票。

颶風卡區娜肆虐記（一）（二千零五年九月廿九日）

狂飆五級高　沛雨倒山豪　浪破防堤壁　波衝海運漕
傾城成澤國　夾港泛洪濤（二）　屋怪隨風轉　車空逐水滔
漁舟飄陸地　化廠集蔓蒿　掛索飛機下　攀繩屋頂逃
台亡油井失　橋斷架梁撓　天運揚威猛　災民懼泣號

註：（一）颶風卡區娜（Katrina）於二千零五年九月廿九日橫掃美國東南部。大城新奧爾良，地勢多低於海面下。因浪破防堤，汪洋一片。有些房屋被風吹得移轉方向。漁舟被吹到陸地。工廠內廢物堆集。海外油井，很多平臺井架吹失。密西西比州聖路易灣上一座橋吹塌，架梁一塊塊摺起。有些災民鑿穿屋頂，爬在屋脊上待援。損失空前慘重。

（二）夾港，汊港也。

讀西雅圖郵報「忽然有病」篇後（一）（Suddenly Sick, 6-26, 2005.）

世衛謀求改舊章　得金藥廠孔多方　提高標準常人疾　遵照規章護士忙

醫院開門常客滿　病家仰榻缺錢惶　輕微小疾憂心懼　貴重丹丸價目昂

自古西方醫術好　如今世界病情揚　可憐艱苦張羅盡　國庫空虛藥庫昌

註：（一）據西雅圖郵報二千零五年六月廿六日「忽然有病」篇所載：聯合國世界衛生組織機構因受藥廠獻金，將常見疾病，降低病患標準，使得普通人，照舊標準無病者，忽然進入病人之列。

西雅圖近郊風暴記（二千零六年十二月十四日）

十二月初風雨來＊　甘霖久盼雪山皚　豈知滂沛連綿至　屢見松杉斷折栽
道路難通因水患　城鄉斷電怨風災　樹身傾倒穿房破　地室陰深淹者哀（一）
無電無炊無暖飽　苦寒苦暗苦熬獃　搶修急迫難休息　聖誕燈明百萬恢

註：（一）西雅圖市邁迪生路有一單身婦女，在地下室工作，水由下水道衝進，不及逃出淹死。

二千零六年十二月十四日記

風雨交加普捷區（一）　主人好客客心愉　八圈麻將玩牌樂　幾道糕湯潤口酥
廣廈深沉驚暴雨　華堂嘈鬧競呼盧　臨門喜店中餐好（二）　要道通衢競賽趨
匙箸爭飛餚果腹　杯觥並舉酒空壺　歸程水阻徐行久　曲折迂迴擇路殊

註：（一）普捷（Puget Sound），華盛頓州海灣，西雅圖地區。
（二）喜臨門，中餐飯館。

美國民生（二千零七年）

往年衣食須奔走　今日住行耗費多　家屋空調寒暑節　高樓新舊富貧和
光留電腦無時息　機濯衣裳省力搓　陳舊外衫來顧客　相迎笑臉送秋波
汽油價漲蒸蒸上　他物追隨級級坡　燈阻街頭紅接尾　蜿蜒國道織如梭
晨餐雞蛋加增價　即食糧包省用鍋　工少人多離景氣　救金儉用渡窮痾（一）

註：（一）痾，畸形疾病也。

電器垃圾運往外國有感（二千零七年西雅圖郵報載）

毒化何須鴉片賣　送他電器萬千台　富邦廢物難拋棄　弱國需錢送進來
拆件貧民無技藝　燒灰棄地檢銀埃　飛塵遠播隨風散　廢氣瀰空後患災
含鎘汞鉛多毒性　重金化物小丘堆　工人染疾因窮困　後世遭殃百事哀

註：（一）二千零七年西雅圖郵報載，美國大部分舊電腦，舊電視及多種電器廢物，皆運往外國地區拋棄。這些電器廢物中含有多種有毒的重金屬，遺毒他國。

美國次貸危機（二千零八年二月）

投機取巧人人想　世紀開張夢幻新　房產價增盈利好　小民意動愛財親
開支節省衣裳儉　信用高升主婦嚬　借款無憂收入少　銀行放債可延伸
初期付息些微少　次貸難還赤苦貧　契劵高飛全世界　金融想往美洲銀
如今散碎成泡影　何日康莊報早春　西下夕陽紅似火　星移斗轉望清晨

長歌當哭（二千零八年五月天災記事）

天災爆發時時現　那有今年五月多　龍捲中州驚警笛（一）　汪洋緬甸沒江河（二）
腐屍處處遺荒野　生者淒淒失稻禾　屋毀棚飛腸轆轆　人亡家破齒磨磨
四川地震山河變（三）　廠校民居幻境訛　土石崩奔峯抖動　奪門競出步婆娑（四）
天昏地暗高房塌　鎮毀樓翻瓦礫窩（五）　縣市救援時緊迫　通衢阻塞路蹉跎（六）
死亡八萬塵封劫　待命三軍夜枕戈（七）　護幼亡師存二小（八）　親民總理慰窮痾（九）
紛紛猛士從空降（十）　慄慄災民唱顛歌（十一）　覓覓尋尋魂出舍　昏昏噩噩魄遭魔
全球震動災情重　世界捐援百物馱　傷者傷悲亡者失　救人救急得人和

北川全毀留遺跡（十二）　博館新籌記震波　百萬遷移重建苦　半旗默默笛聲苛（十三）

註：（一）美國中部五月初常有龍捲風侵襲。警笛時鳴。

（二）五月六日緬甸政府公佈，時速一百九十公里的熱帶風暴襲擊緬甸。造成緬甸史上最慘的天災。

（三）五月十二日四川成都西北地區汶川縣發生強度八級的大地震。很多磚造房屋倒塌，死亡數萬，傷者無數。

（四）婆娑，醉態蹣跚而行。

（五）震央附近映秀鎮幾乎全鎮夷爲平地。

（六）蹉跎，作阻撓，參差不齊解。

（七）解放軍及員警十餘萬人分往災區救出死傷。

（八）映秀小學張米亞老師在地震發生時教學生趴在課桌下面。並一手抱一個小學生躲在講臺下。地震後，在廢墟中發現張老師已死，屍體僵硬趴著。雙臂下緊緊摟住兩個活的孩子。一名安然無恙。另一個只是手骨折斷。

（九）溫家寶總理於十四日乘直升機往映秀鎮慰問災民。

（十）四千空降部隊趕赴災區。

（十一）顛歌，益州民歌。

（十二）全毀北川縣城，政府擬籌建地震博物館，保留震後原樣，留作永遠記念。

（十三）五月十九，廿，廿一日共三天定爲國殤日，全國及中國駐外機構下半旗，五月十九日，全國汽車，火車，輪船，警笛等鳴放三分鐘誌哀。

變通（二千零八年九月）（一）

山遙水遠風波惡　片片花飛減卻春　民主黨呼窮應變　國人羣厭戰纏身
中東局勢呈膠著　伊朗危機懼劫伸　政策堅持愚者識　前程欠穩小民瞋
食之者食生之寡　行也車行步也辛　陳舊衣裳穿著少　摩登裝束剪裁新
大專就業增車債　小子零儲撲滿珍　信用擴張非暴富　拖延加利缺還銀
全民有屋浮誇耀　經紀貪財鼓舞遵　次貸危機何日了　銀行倒閉不時陳（二）
發揚科技能才缺　枯減資源動力湮　浪費張揚成積習　勤工儉學育和馴
公司虧蝕裁員眾　商品難銷顧客貧　經濟恐慌周轉拮　金元波動譽名淪
成規墨守增貧困　未雨綢繆減鬱氤（三）　人禍天殃須救急（四）　糧荒價漲莫因循（五）
低微窮困知艱苦　富貴豪奢失率真　國債高增宜遞減　賢能推舉備咨詢
掌權應選擒龍手　總統須更智變人（六）　時不再來延頸望　變通法則救窮神

註：（一）二千零八年美國總統選舉。民主黨競選人奧巴馬（Barack Obama）以標語口號（Change）贏得廣大中產階級知識分子附和。筆者也是其中之一。
（二）不時，作時時或隨時解。
（三）鬱氤，濃鬱的溼氣。
（四）天殃，天降的災禍。
（五）因循，作拖延，守舊，隨隨便便，輕率處理解。
（六）智變，有才智能力應變。

獎懲倒置

金融海嘯何由至　政府無能治狠人　法紀銀行虧法治　公司董事會誼親
經營財貨貪心動　獎賞高薪合約陳　懲處未聞囚禍首　責詢怎會瘦金身
股東蝕本無分利　首要除名付巨銀　尾大如榕千幹集　富堪敵國百蟲甡
經年腐朽高枝病　百載投資盜賊伸　再次求援如願償　一家豪取萬家呻

美國民意代表

連城玉璽稱民主　富國強權笑傲宣　選舉爭鋒迎眾悅　閥雄互助結網牽
選民寄託千人屬　代表操持立法權　獻款提攜身後索　宣傳廣用沽名錢
一朝跳越龍門險　幾載消磨國務研　兩院白宮常出入　家鄉故里少流連
經營事後舖財路　計劃身前擇善遷　名利雙收高位貴　四年再見望蟬聯

二千零八年美國股票市場風暴記

驟升驟降天難測　華爾街頭血戰場　劍影刀光爭鬥烈　鎗林彈雨嘯呼揚
空頭斬獲多頭失　敗者憂傷勝者昂　兇狠心腸狼噬狽　猙獰面目虎前倀
造謠生事通聲氣　隱騙欺瞞害善良　雷曼法庭宣破產（一）　美林大廈換銀妝（二）
大魚作浪腥風起　蝦蟹潛居水底殃　華互賠錢公出售（三）　兩房接管國輸將（四）
安全債券銀行倒　穩當投資保証亡　首要腰纏金萬兩（五）　股東淚灑血雙行
人人憂鬱裁員額　戶戶慌張節口糧　商業蕭條悲利失　公司虧蝕缺錢惶
千家股票搖搖墜　萬姓傷財默默戕　動蕩金融因次貸　鋪張策劃建民房

空空樓閣移星月（六）　唧唧蟲聲訴短長　削價銀行拋滯屋　無知鼠免捉迷藏
長年激發成泡沫　百載生儲廢紙張　收拾傷殘依政府　遽增印鈔散金洋
全球同步錢財缺　瘟疫遍傳救市忙　立法偏私扶尾大（七）　爭論削減貸車商（八）
滔天大禍財團闖　國債京千赤字僵（九）　強國泱泱揮霍易　小民粥粥退休傷
豪門從政爲民主　富戶權謀訂稅章　分道移民回故土　揚鑣鉅室出邦疆
孩提不省身擔債　中產艱難共解囊　世界重心從此徙　白宮瓊樹漸蒼黃

註：（一）雷曼兄弟（Lehmon Brs.）公司於九月十五日宣告破產。

（二）九月十五日美林（Merrill Lynch）証券公司出售給美國商業銀行。

（三）九月廿六日，華盛頓互惠（Washington Mutual）銀行倒閉，由 FDIC（Federal Deposit Insurance corporation）接管，售與摩根大通銀行。

（四）九月七日國營房地美與房利美兩房貸款抵押公司，虧蝕缺錢經營，由美國財政部接管。

（五）倒閉後的公司首要，離職金往往有幾百萬美元至一千多萬美元，折算黃金價格，約有一萬兩左右。

（六）此句言時光流轉。

（七）尾大，指勢力強大，牽涉廣泛的公司組織。如花旗集團（Citigroup Inc.）與美國國際集團（Am. International group）皆獲得政府鉅款救助。

（八）底特律美國三大汽車商往華盛頓請求貸金三百四十億。幾經磋商，削減貸金並附加苛刻條件。

（九）京，百億爲京。京千，十萬億。

二千零八年八月北京奧運（一）

煙火光芒燭九霄　鳥巢開幕北京囂　遍傳聖火全球廣　觀眾歡呼夾道遙
千國健兒千技競　五環奧運五星招　無聲無覺千情現　忽滅忽明萬景昭
世運會師羣眾集　新猷導演藝謀翹（二）　有條不紊勤排練　處理周詳湧彩潮
圖案鮮明時刻改　鼓聲轟動志行超（三）　瀛寰政要相逢樂　宿昔親朋敘舊聊
勝者不驕輸不餒　友情難再愛難消　中華得獎金牌眾　東亞病夫痼疾銷
短暫時光旬日過　倫敦塔影四年邀　五層鉄架多人附　四桿揚旗近屆飄
舞影翩然辭別早　歌聲婉轉順風搖　強身強國先強志　追昔撫今寄客僑

註：（一）第廿九屆奧林匹克世運會於二千零八年八月八日在中國北京開幕，於同月二十四日閉幕。

（二）京奧總指揮張藝謀爲世界聞名的電影導演。

（三）志行，其志得行。

二千零八年十二月西雅圖區大雪酷寒記

大雪時逢大雪天（一）　高低氣壓總纏綿　酷寒長日飄棉絮（二）　積雪經旬種玉田
黑夜晶瑩佳節近　彩燈閃爍錦繩牽　換交冬至思晴久　轉瞬年終望雨先
蟄伏飛禽如化蛹　無依老弱裹毛氈　交通阻塞公車少　大道稽延鏟雪堅
凍合園埋枝臃腫　冰封路滑步難前　勸君少往商場顧　高臥吟床擁被眠

註：（一）二千零八年西雅圖區自十二月十三日起因來自加拿大冷氣團侵襲。大雪酷寒連續二星期。依照農歷時令，正值大雪節氣期中。
（二）長日，作經常解。

迎美國第四十四位總統奧巴馬（一）

二百年來新大陸　危機累現曙光生　伊州初選鋒芒銳　參院新員識見宏
電腦招財捐款湧　萬人景仰掌聲轟　色膚有別中青擁　政策分歧辯智贏
量大寬宏忘舊怨　賢能並蓄結新盟　奧巴馬氏美非裔　民主黨中人傑英*
博學多才新總統　變通標語廣場旌　長途萬里前程險　重擔千斤獨木撐（二）

二面戰爭留累墜　全球騷擾望澄清　內憂失業錢財缺　外患金融海嘯萌（三）

拜謁白宮無度主（四）　徬徨紐約聚財城（五）　光陰寶貴爭分秒　要政惟先定準衡（六）

協力同心籌組閣　才能兼備任公卿　專家聚會新猷計　霧散雲開望曉晴

註：（一）二千零八年十一月四日美國總統選舉，民主黨奧巴馬高票當選，成爲五十六屆，第四十四位總統。

（二）奧巴馬當政後，將繼承失業人口，經濟蕭條，赤字高增及結束戰爭等千斤重擔。

（三）二千零八年發生全球金融海嘯。

（四）現任總統布希將於二千零九年一月廿日離職。奧巴馬於十一月中旬曾往白宮，拜謁布希。

（五）全球金融海嘯自紐約華爾街開始。奧巴馬當選後，股票市場連續暴跌小漲數週。

（六）準衡，不偏重也。

二千零九年觀奧巴馬總統就職典禮有感

人羣擁擠白宮前　百萬觀聞就職篇
總統聲名林肯繼　全球響應眾心連
西方樂土辭豪室　美式民權選下賢
舊政難行需改革　員工失業習新鮮
外交棄展強權杖、　內政除刪附件箋
假想戰爭從速止　修明法制究精研
下情上達求民隱　省事寧人見善遷
首要高薪宜削減　股東紅利應優先
銬鐐解脫還民治　國策更新絕舊牽
枯槁金融根病治　乾坤扭轉望青天

第四章　旅遊風景篇

長江小三峽攬勝（二千零四年五月作）

虹橋穿峙嶺　削壁五丁開　迷霧封溪路　平灘積磊堆
簷岩鐘乳滴　澗水落花催　棧道隨雲去　巴船並鳥來
懸棺千載葬　奇石百形猜　峽谷多天趣　輕舟入翠隈

雷尼爾山登山客（一）（二千零四年七月作）

孤嶽浮雲表　冰瑩耀滿巔　琉璃迎浴日　青靄漫遮天
萬載冰川積　千迴鳥道旋　登山偕侶伴　移步引繩牽
雪地棲身宿　蓬中睡袋眠　天堂升萬尺（二）　絕頂眺飛仙

註：（一）雷尼爾山 (Mount Rainier) 爲華州第一高山。山上有冰川多條，山區建立爲國家公園。

（二）天堂（Paradise），山中地名，低於山頂近萬尺。公園管理處設立於此地。

加拿大落磯山區記遊（一）（二千零四年七月作）

倦遊加國落磯區　雪嶺高峰醒旅途　南北山橫千里遠　東西嵩阻百彎趨
羅奇峽谷冬清雪（二）　雅虎公園夏滿蕪　路易湖邊窺鏡影（三）　哥倫冰上見通衢（四）
溫泉多處騰騰霧　山畔群羊咪咪呼　二省相鄰方萬里　車行一匝景觀殊

註：（一）加拿大落磯山區幅員廣大，橫亙 Alberta 與 B. C.二省。著名國家公園有板呼（Banff），賈斯伯（Jasper），柯田尼（Kootenay），雅虎（Yoho）等。上述四公園連接成廣大公園區。
（二）羅奇峽谷（Roger Pass），高山對峙。冬季常用炮轟落積雪。以防雪崩。
（三）路易湖邊（Lake Louise）旅舍前有球形鏡，可以看到自己的影子在湖光山色中。
（四）哥倫比亞冰河在 Banff 與 Jasper 途中，旅客可以坐冰車在冰上開行。

華盛頓湖記事（二千零五年作）

並列浮橋道往東（一）　華工掘運百川通（二）　春開舸艇驚眠鴨（三）　夏慶舟機亂陣鴻（四）
風暴連來秋暮雨（五）　機飛橫亙尾留虹（六）　霧籠冬雪長青樹　日暮啼鴉落晚楓
墨瑟西華相對望（七）　保羅比爾款交融（八）　豐功偉業名湖建　無處觀瞻建國風（九）

註：（一）華盛頓湖湖上有浮橋公路二條往東。
（二）湖通海，運河係華工開掘。
（三）五月初第一週爲船艇出海週。運河口多淺灘，爲鴨群棲地。
（四）八月初有海洋節，週末湖上有飛機表演及噴氣艇競賽。
（五）暮秋常有連來大風暴。
（六）飛機經過華盛頓湖上空，常留下橫亙的飛行雲。
（七）墨瑟島（Mercer Island），島名。西華，公園名（Seward Park），建在湖畔半島上。
（八）保羅，比爾（Paul Allen & Bill Gates）合夥創辦微軟公司。二人皆華盛頓湖邊鉅子。
（九）湖邊無紀念華盛頓總統建築物，憾事也。

詠司羅誇米瀑布（一）（二千零六年作）

千尺沄沄水（二）　懸崖掛帛開　白虹飛箭散　陣霧漫亭來
深谷春融鼓　流霞夕照瑰　尋幽遊客下　臥澗巨磐栽
地室通渠引　輪機洩水洄　清溪鄰旅舍（三）　消夏望奔雷

註：（一）司羅誇米瀑布（Snoqualmie Falls）在西雅圖市東方卅英里許，下有發電廠。

（二）沄沄，水流洶湧。

（三）清溪，指司羅誇米河瀑布上游。瀑布旁有客舍。

新長江歌（二千零七年五月作）

滾滾長江水　迢迢萬里來　穿岩流瀉急　削壁莽蒼開

淤土留膏壤　汙池聚野萊　巴東三峽險　吳楚百川洄

八陣圖遺恨（一）　三分策付灰　詩揚黃鶴杳（二）　鷺繞鳳台徊（三）

朔漠明妃怨（四）　吳宮越女魁（五）　渠通湖廣接（六）　河運御舟催（七）

赤壁連營火　金焦帥鼓雷　鐘鳴波石擊（八）　浪說小姑媒（九）

梅嶺忠魂塚（十）　維揚八怪瑰（十一）　南通張氏織（十二）　繡像英皇偎（十三）

海退棉田闢　江伸腹地恢　武昌民國建　清室帝基頹

金粉南朝赤　刀光日寇災（十四）　陪都群犬吠（十五）　防洞疊屍哀（十六）

築壩瀦洪泛　通航濬礫堆　春申黃浦地　東亞攬雄財

註：

（一）杜甫八陣圖詩有句「遺恨失吞吳」。劉備三顧茅廬，亮獻三分策。

（二）崔顥有武昌黃鶴樓題詩。

（三）李白有登金陵鳳凰臺詩。

（四）明妃，王嬙，湖北長江邊秭歸人。漢元帝時賜匈奴和親。

（五）越女魁，指西施。

（六）靈渠運河，連接兩湖兩廣。

（七）隋煬帝因舟行往揚州觀賞瓊花，催工開通邗溝。邗溝，運河淮安至揚州段。

（八）石鐘山在江西鄱陽湖入江處。微風鼓浪，波石相擊，響若洪鐘。蘇軾撰有石鐘山記。

（九）小姑山，在贛皖二省交界長江中，江側有石磯，名澎浪磯，轉音為彭郎磯。遂云彭郎為小姑婿也。

（十）揚州梅花嶺有明臣史可法衣冠塚。

（十一）清，雍正，乾隆間，金農，羅聘，鄭燮，李方膺等八人以善畫流寓揚州，稱揚州八怪。

（十二）清末狀元張謇弟兄在南通興辦紡織業。

（十三）英皇維多利亞生日，慈禧命南通女紅教習余沈壽刺繡女皇壽像相贈，深得女皇歡欣。

（十四）日軍在南京大屠殺。

（十五）犬吠，蜀犬吠日。蜀地多霧，犬不常見日，見日出則群起而吠。

（十六）日機於民國卅年六月五日輪番轟炸重慶。多人因防空洞門關閉時間太長，洞內氧氣稀少，齊向洞口擁擠，窒息踐踏死亡。

黃河曲（二千零七年作）

漢族搖籃地　黃河墾殖區　滔滔奔浪湧　滾滾帶沙糊
龍馬河圖現（一）　洛書龜背摹（二）*　潼關河曲渡　函谷道險嶇
錦鯉龍門躍　旋川注口壺　奪淮非正道　鑿運建通衢
百害饒河套（三）　支流少泊湖　帆檣堤頂過（四）　皮筏氣囊輸（五）
歷下涼亭古（六）　中州國色殊（七）　花園淹寇潰（八）　水域泛黃蕪
百戰中原土　千村寄客途　三門高壩建　清澈下游迂

註：（一）伏羲時，有龍馬出於黃河，馬背有旋毛如星，稱之爲河圖。伏羲取法，以畫八卦。
（二）夏禹治水，神龜出於洛水，背上有裂紋如文字。禹取法而作九疇。
（三）河套，寧夏黃河平原，掘土引水墾區。有塞上江南之稱。
（四）黃河下游，築堤防水，隄岸加高，河身高出農地甚多。從下觀上，見有帆檣在堤頂過往。
（五）皮筏氣囊輸，黃河上游，甘肅蘭州至寧夏河套間，用羊皮筏氣囊由上而下，作運輸工具。

（六）歷下亭，在濟南市大明湖西。

（七）中州，洛陽也。國色，指牡丹。

（八）一九三八年六月國軍爲阻止日寇西進，在鄭州附近花園口破堤決口。引水阻敵。造成多年一片荒蕪的黃泛區。

阿拉司加記遊（一）

船出溫城望別橋　波平山靜客逍遙　初秋北國寒光集　千里遊蹤水路迢

首府捐羅冰載雪　俄村攝卡霧成綃　雪凝玉路千層厚　凍解霜峰萬刃雕（二）

黑壩冰河崩隕壁（三）　春藤玉匱逐迴潮（四）　飛機助興音波震　戲院歌聲午夜囂（五）

海上兒童歡日落　餐廳糕餅火山燒（六）　友輪相遇嗡聲應　客散依依細雨瀟

註：（一）筆者於一九九四年乘愛船（Love Boat）遊輪自加拿大溫哥華往阿拉司加，途經捐羅（Juneau），攝卡（Sitka 有俄人教堂），黑壩冰河（Hubbard Glacier），長春籐大學冰河區（College Fjord）及維灣（Prince William Sound）等地。據近日往遊友人相告。大概因全球暖化，冰山景色，已大不如筆者當年所見。

（二）捐羅附近，筆者乘直升機遠眺。見一冰河區，已在融化，未融部分，冰峰如尖刀聳立，形狀奇特。

（三）黑壩冰河入海處，堅冰直立。大片崩塌時，有如牆仆。當時上有直升飛機助力，利用聲波搖振，使冰牆加速倒下。

（四）長春籐大學冰河區，共有冰河十二條，以十二長春籐大學命名。附近海面，簇簇浮冰，晶瑩如玉。

（五）船上有戲院，午夜觀眾甚多，人聲歌聲囂喧。

（六）離船前夕，廚師特製火山糕餅酬謝乘客。一時餐廳火光炫耀，賓客盡歡。

馬來西亞的華人島（吉膽島）（一）

辭宗告祖別妻娘　黃謝離家出國疆　赤手空拳登遠道　二人合夥到南洋
忠誠老實勤工儉　刻苦操勞販賣忙　生意須求堆棧地　經商屢缺貨存場
久聞海上荒灘島　欣悉風平好地方　打下樁基防漲水　鋪平木板蓋倉房
兩家宗族紛紛至　吉膽人才濟濟昌　公路橋梁樓宇建　海鮮生意蟹魚良
勤勞儉樸華人性　教化尊嚴孔孟香　水上漁村三萬眾　高中學校兩書堂

註：（一）吉膽島，在離馬來西亞首都吉隆坡十五海哩外的孤島。島本荒無人煙。高潮時一片汪洋。一百多年前，由黃謝二位中國人在島上打樁建設貨棧。隨後二家宗族陸續從中國來到島上，建屋定居。現已發展至二萬多人。島上有小學，初中，高中各二所。

二千零一年賭城拉斯維加斯（一）

光怪陸離蜃氣盛　多年陳跡聚沙城　遐荒彩色隨時變　大漠風光逐月瑩
廣廈高樓宮室集　名區賭國富豪迎（二）　獅身紅鶴同溫塔　凱撒皇宮海盜營
魔劍自由神像火　星塵金字塔尖明　神燈魔指霓虹閃　紐約高橋火炬擎
盜島腹宮車輛織　沙洲墓室駱駝鳴　卡羅水舞迷人窟　手撫空囊不願行

註：（一）賭城拉斯維加斯在內華達州。市內大賭場林立，相互在建築外表上出奇制勝，年年換新，用以吸引賭客。獅身人面像及金字塔，乃埃及古蹟。凱撒帝宮爲羅馬古蹟。海盜營，神燈，魔指，魔劍，盜島，係小說中故事。自由神像火指紐約港口自由神像手中火炬。其他紅鶴，同溫塔，腹宮，卡羅，係大賭場名。水舞指（water dancing）。

（二）大賭場集中在新區（Strip），字義中有作剝衣解。舊城區仍有小賭場，少人問津。

後山路（二千零三年夏）

古木陰深路　參天繫影長　草高禾穗舞　風散野花香
犬吠人聲近　鴉飛樹杪翔　丁丁聞啄木　篤篤釘房牆

路陡車行疾　林深鹿隱藏　夕陽無限好　落照醉人光

西雅圖海邊水族館記遊（二千零八年五月十四日）

普捷灣中多水族　玻璃窗內大千呈　紛紜彩色遊魚眾　錦簇斑斕藻蘚爭
蟄伏紅參千手觸（一）　安眠港豹數頭橫（二）　海星海膽珊瑚樹　多爪章魚水母瑩（三）
遠眺星羅棋列島　偕遊家族J鼇鯨（四）　浮油污染災源重　海峽商輪汽笛鳴

註：（一）水族館內有淺水盆，內有紅色海參，海星等動物，讓觀光人用手觸摸。
（二）港豹，係（Harbor Otter）之譯名。
（三）水族館設有環門，內有水母浮游。
（四）J鼇鯨，係普捷灣中土著鯨魚鼇，各有編號。係生物學家研究對象。

黃山吟（二千零九年二月）

風雨常年蝕　山高土脈虧　蒼松依壁附　細水出縫滋
峰削天梯險　雲深海霧馳　瀑穿迷谷敞　石怪像形奇
丞相觀棋立（一）　青蓮夢筆遺　天都魚脊仄（二）　迎送客松知（三）

策杖寬行緩　登高挽索疲　黃山天匠琢　不盡畫中詩

註：（一）丞相觀棋與夢筆生花係始信峯二處景點。
（二）鯉魚脊係天都峰登峰險坡。
（三）迎客松與送客松係黃山二處景點。知，作結交，認識，相親解。

第五章　慶誄集

蔣宋美齡女士輓歌（二千零三年十一月作）

天姿茂異上林花（一）　寰宇知名盛譽加　篤信耶穌興教育　于歸蔣氏顯奇葩
西安事變元戎困　虎帳深談少帥嗟（二）　說服漢卿尊國事　迎回夫婿返京衙
東夷侵略遷重慶　前線勞軍慰潰沙　數往外洋尋戰友　群來飛虎助中華
公卿傾聽孤軍勇　國會致辭千掌譁（三）*　倭敗紅潮淹大陸　夫亡隻影亂心麻
韜光駐節花旗國　安享餘年紐約家　秋水伊人今逝矣　流芳百世美齡遐

註：（一）天姿茂異，資優才德出眾。
（二）西安事變時，蔣介石被困，宋美齡親往西安洽談。說服張學良以尊國事爲重。
（三）抗日戰爭期中，宋美齡女士曾在美國國會致辭。

輓張學良先生（一）

天驕少帥兵符握　易幟關東盼國昌　嫡庶分軍輕智勇　倭夷屢寇逞強梁
周旋敵閥留津埠　豈戀明星棄瀋陽（二）　綏靖東鄰元首策　調停內亂一肩當
八年抗戰思袍澤　五五幽居謝孟光（三）　蹇運乖時因國事　修身養性讀神章
虔誠歸主音容了　安享高齡百歲殤　檀島香山遼鶴唳　黃泉道上往天堂

註：（一）二千零一年作者曾寫輓張學良先生詩二首。合併後改成這首排律詩。

（二）九一八戰事，日軍入瀋陽。中央因大局初定，無力保守東北，因令東北軍不抵抗。馬君武有紀事詩哀瀋陽：「趙四風流朱五狂，翩翩蝴蝶正當行，溫柔鄉是英雄塚，那管東師入瀋陽。」紀事詩有誤。

（三）「五五幽居謝孟光」，張學良被蔣介石幽囚五十五年。有趙四小姐一荻相伴。

悼先師顧介希先生百歲冥辰（一）

裡下河區廣　平疇水曲隈　倭奴佔市集　學校去鄉開
客館離家室　羅村育俊材　生徒勤課讀　教席蘊琪瑰

八載栽桃李　百年瞻嶺梅＊　慈雲孺慕久　化鶴望歸來

註：（一）先師顧仁鑄先生，字介希，江蘇省江都縣人。抗日戰爭期間，任江蘇省立第一臨時中學校長。因日偽時常下鄉掃蕩，校址在東台縣溱潼鎮羅村地區屢屢遷徙。生活艱險，但在顧校長領導下，教師教學認真。學生讀書勤奮，畢業後絕大多數升入著名大學。

祝愷青大師九秩高壽（二〇〇四年六月十二日作）（一）

赤子丹心九秩春　樂天知命一完人　英才俊彥遊寰宇　道德文章傲俗塵
翰墨多臨行草帖　丹青獨慕板橋筠　循循善誘師名著　煦煦謙和壽者仁
小玉雙成尊首座（二）　親朋友好拜生辰　蟠桃會上群仙集　新雅樓頭百味陳（三）

註：（一）亡友何愷青教授，曾任臺北師範學院，清華大學及美國華盛頓大學教授，著有「國學概論」，「月與燈依舊」，「新編俏皮話」等書。本人曾引用「新編俏皮話」書中十句話意，寫了十首詩。這一首詩是恭賀她九十歲生日所作。

（二）小玉雙成，是王母娘娘二侍女。

（三）壽堂設在西雅圖華埠新雅飯店。

哭昌哥（一）（二千零七年一月作）

痛哭昌哥八七休（二）　東淘屢憶太平遊（三）　兒時不解分居室　童稚常思共住樓
寂寂林園藏鳥獸　瀟瀟竹苑少斑鳩　二廳花蝶尋聲遠（四）　多子葡萄隔戶收（五）
地坼山崩倭作寇　天涯海角自爲謀　離多聚少難相遇　老病傷悲歎白頭

註：（一）昌哥是朱啓昌，作者堂兄。於二千零六年棄世。
（二）昌哥享年八七歲。
（三）東淘是故鄉安豐古名。太平巷，是作者故居地。
（四）故居花園中有花廳與蝴蝶廳二廳。
（五）園中有葡萄樹，秋季結子很多，家人不往採摘。常有隔戶鄰人越牆偷採。

悼二妹效秀（二千零七年四月作）

惡耗傳來二妹亡（一）　衷心悲痛意惶惶　自從雛燕空巢出　難得回歸聚首長
聞道中州尊扁鵲（二）　豈因效秀獲青囊　病人交贊良醫德　國手名揚領導康
得子能擔親母職（三）　有兒至孝女鸞凰（四）　心懸夫老高糖血（五）　遙念孫留大學堂（六）

秋末跌跤肢腿折　月餘仰臥養身傷　天公遣使相迎急　七四遐齡往帝鄉

註：（一）二妹效秀，朱效秀是作者的二妹。於二千零七年棄世。

（二）效秀曾任河南省商丘市第一人民醫院內科主任醫生。病人稱譽。

（三）效秀子曹輝，在效秀退休後，繼任醫院內科主任醫生。

（四）效秀女曹蘭，在效秀病中侍候，至孝。

（五）效秀丈夫曹國順有糖尿病。

（六）孫曹揚，在南京航空航天大學讀書。

第六章　科技環保集

今日世界

睡獅已醒野狼嗥（一）　大國泱泱競比高　科技爭先倭國好　美元貶值外錢豪
俄加極地添蕪草　巴澳荒原墾樹蒿　印度專才書軟件　西歐動力用風濤
恐惶原彈和談頓　仇恨耶回敵意囂　房價飛騰終慘跌　金融海嘯哭嚎咷
全球商務經霜損　千萬裁員受苦熬　最是非州仍古舊　災民粥粥亂嘈嘈

註：（一）睡獅，指中國。野狼，指垃登領導的恐怖分子。嗥，吼叫。

新科技

精益求精精上進　細中更細細於塵　基因病毒微生現　科技工程萬象春
電腦隨身人事便　塑膠印卡作錢真　母羊複製生羔似　植物新基產量甡（一）

登月環球窺地角（二）　探空開路訪天津（三）　風推後浪翻前浪　日日維新日日新

註：（一）甡，眾多也。
（二）地角，地之盡處。
（三）天津，即銀河。

公司組織

國事談民主　公司付總裁　高峰傳令達　下屬立時催
寶塔層層上　朱門面面開（一）　千人成一體　萬事劃分堆
團結同心力　真誠用幹才　升遷憑記勳　和睦最生財

註：（一）朱門，富豪之門。

波音公司

跨國公司生意好　波音盛譽太空聞　飛機載客全球達　火箭升天幾節焚
雇眾五洲來處異　員工十萬作班分　同心協力依圖製　零件安排裝配勤
出廠試飛新鳥嘯　離巢交接客商欣　年年外貿虧錢赤　科技贏餘助國殷

貧富吟（二千零七年作）

富人享樂窮人苦　幸福多金買得來　廣廈空調辭冷暑　轎車寬敞蔑風雷
飛機迅捷追星運　火箭遨遊賞月回　音響光香官感悅　珍肴美饌味鮮偎
瀰空廢氣溫房暖　掩日塵灰播病媒　沙漠乾枯無水草　冰川融化漫江隈
年年豪雨傾盆降　歲歲狂濤襲岸摧　動物常聞瀕絕種（一）　森林屢有燎原災
風穿破屋支離散　龍捲窮鄉一線開　旱澇交侵莊稼損　炎寒不定赤貧哀
冷凝背腹衣裳薄　火灼肌膚體態頹　缺水無糧愁苦急　失魂落魄廢癡獃

註：（一）瀕，平聲，迫近也。

道高一尺

道高一尺魔高丈　科技昌明未必良　水果味甜蔬菜美　番茄碩大馬鈴囊
田園增產新基種　營養低能悅目嘗（一）　品質宣揚銷路好　細菌抗藥世人惶
光音味覺官能喜　眼耳昏聾老耄傷　甲馬神行魚雁眾　大鵬往返尾虹長
電波操作遙途控　病毒繁滋網路張　廢水入江千穢匯　飛塵蔽日滿空揚

多端騙術探財路　不斷追尋覓孔方　電話頻繁詢私隱　來函威逼解錢囊
飛機坦克攻堅易　遊擊孤車自爆亡　聯國鋪羅張地網　狡狐捕兔捉迷藏
能源濫用天然盡　礦物張羅地力荒　暖化全球非我責　子孫災害怨炎陽

註：（一）二千零七年九月十三日西雅圖郵報載，糧食，水果及蔬菜，多用科技改換過的種子增產，收獲增加，易於銷售，但營養價值降低，消費者不易發覺。

人心不古

劣貨驅良貨　真牌漸泯藏　市場充僞品　外貌似原裝
玩具塗鉛漆　貓餐害腹腸　牙膏攙毒劑　丸藥亂真仿
鈔票贋私印　錢財盜國猖　人心今不古　行事近荒唐

全球暖化有感之一

大洋赤道升溫水　旱澇災增穀物糟　極地冰融分晶塊　沙州雨缺失蓬蒿
夏炎酷熱平民苦　秋水汪洋稻穀撈　機器發明人事便　能源廣用產銷高
高樓大廈排雲立　車輛如魚劃線滔　燒碳飛灰酸雨降　燃油吐氣入空逃

富民強國安居樂　弱小窮邦苦況熬　超級淒風來沛雨　如山海浪沒平皋
森林失火童山濯　野獸無依宿鳥翱　草木極圈添夏綠（一）　饑民赤地望天號（二）
國家先進工商重　經濟蕭條政客囂　無助貧窮生計蹇　聯邦惻隱救錢豪
今人納福全球暖　後世多災萬姓嘈　加速飛輪終碎裂　焚燒開發墾荒勞

註：（一）極圈，南北極圈也。

（二）赤地，大片荒蕪的土地。

全球暖化有感之二

全球赤化未成災　暖化如今事可哀　戶戶炊燒貪口腹　家家舒適耗油煤
煙囪黑氣沖天散　高廈摩雲溼霧徊　車輛穿梭公路闊　塵埃飛捲坦途開
機場鉄鳥排班降　港口輪船順序來　富國豐饒多鈔票　能源浪用廣錢財
碳酸點滴空中集　赤道伸延極地推（一）　世界恐惶難合作（二）　文明末日夕陽頹

註：（一）據二千零七年底發表的科學報告文，熱帶高溫區正在向南北兩面蔓延推進。在過去廿五年間，按氣候學分類的赤道熱帶地區已向兩極方向擴展了約一百七十二英里。

（二）一九九七年聯合國在日本京都協議全球暖化草案。但美國有異議。

今日電腦

電腦通寰宇　E郵千萬來（一）*　宣傳顏色好　商務貨財催
病毒時常發　情書去又回　新聞光電速　恐怖語音哀
小巧隨身便　玲瓏百科開　人多遊戲樂　萬事賴高才

註：（一）西雅圖郵報二千零八年七月十一日載：Robert Alan Soloway 三月內發出九千萬E郵。

杞人憂天

杞人傳有憂天事　氣象如今令我愁　風雨淒淒侵海岸　雪花朵朵漫中州
雲端曳尾神龍捲　陸地成河錦鯉泅　炎熱平沙枯木槁　溫和極地散冰流
聖嬰現象常時發（一）　暖化全球百事憂　會議協商無約束　強權交責利昏頭

註：（一）聖嬰現象。赤道海洋區氣團溫度上升，會引起美國西岸風暴。印第安人稱爲聖嬰現象。

萬事人為動物殃

萬事人爲動物殃　除蟲藥劑失鳴螿　施肥毒粉蜂羣苦　吐霧噴雲鳥類傷（一）
洗碗洗衣清潔劑　爲災爲害殺菌漿　蛙魚產卵高牆阻　螃蟹幼苗污水嘗（二）*
屋內空調無冷暑　上空碳氣阻回光（三）　森林砍伐開荒墾　農地夷平建廠房
飛鳥無依亡獸跡　昆蟲失寄熄螢囊（四）　崇樓大廈排空列　高處縷煙舒卷長*
長頸麒麟瀕絕滅（五）　紅冠白鶴少飛翔　昌明科技人安樂　先進邦家物富強
大道紛紛車輛集　街頭擠擠市廛忙　全球暖化兒孫苦　進化論無適者方（六）

註：（一）吐霧噴雲指飛機飛行時噴出的煙霧。
（二）指螃蟹幼苗生長在工廠排水溝附近。
（三）地球上空二氧化碳氣逐年增加。阻撓從地面反射光線，造成全球升溫。
（四）車胤少貧，夏夜常集螢，置囊中照讀。
（五）麒麟，即長頸鹿。
（六）達爾文進化論，物競天擇，適者生存。

第七章 雜集

退休後家常（二千零四年六月作）

無職一身輕　晨昏我少行　夙興鐘不鬧　夜寐夢無驚
雀鬧難成夢　曦升閉倦睛　新聞提要讀　電話畏聞聲
舊事多忘記　親朋少笑盈　晨昏筋骨鍊　午未後園清
傍晚高坡步　後山鴉噪迎*　日長時漸短　常缺讀書情

齊天大聖（二千零五年作）

山中無老虎　猴類也稱王　援壁觀飛鳥　攀高送影檣
石猴花果產　山洞水簾藏　學道通天術　翻雲忤玉皇
老君爐火鍊　大聖眼紅張　佛法無邊際　如來掌指長

詩境無疆（二千零七年作）

詩人多保守　難得試新裳　科技推新異　星空測渺茫
工商臨颶暴　股市陷泥塘　溫效天威猛　汙渠地力荒
貧窮終日苦　恐怖不時惶　災禍經常有　資源逐漸光

詩的題材（二千零七年）

題材俯拾時時有　興發靈開處處詩　萬景千情多傑作　新聞故事好遐思
魚蟲花鳥因人寄　日月星辰耀地滋　科技巫醫工藝事　外交商務對談辭
大洋水漲高潮湧　空氣塵汙萬裏彌　爭奪油源身自爆　搜防恐怖術潛施
光纖電腦交流便　溫室全球暖化隨　宗教耶回銷敵意　朝伊原子制時宜
銀行貸款貧民赤　經濟危機國債訾　意到心頭沖口出　句吟世事脫韁馳

如何寫詩

起承轉合明條理　一氣呵成寫短章　層次分清青嶂立　連綿不斷遠岡長

倩裝嬌好西施艷　變化多端大聖狂　成語俏皮含雅意　童謠俚諺吐芬芳
辭無重複多真趣　詩不拘泥可異常　情景交融靈與體　心凝形釋索枯腸

學校晨鈴聲（二千零五年七月作）

鈴聲驚好夢　天色尚濛濛　速起穿衣著　奔行破曉風
餐廳人影集　桌上碗盤空　果腹饑腸碌　昏頭步履匆
課堂多睡意　倚肘半開瞳　師至開書講　清明耳目聰

讀天使島壁上詩後（一）

血淚斑斑壁上詩　時乖運蹇歎罹辭（二）　金山銀窟人人羨　跨海漂洋個個癡
兒女饑啼聲哽塞　嬌妻送別淚雙垂　船艙狹窄顛連苦（二）　海色澄清夢裡怡
港口檢查身壯健　官員盤問法偏私　移民規犯籠中鳥　天使安魂島上羈

註：（一）天使島，在加州金門灣內。廿世紀初島上有牢房，拘留來美華人移民甚多。牢房牆壁上，有題詩六十四首及對句二處。
（二）罹，作憂懼，苦難解。

（三）顛連，困頓不堪。

瑤池春永（二千零七年作）

天鵝湖畔羣仙集　迎接穆王東路來＊
嘹亮歌聲波影皺　輕盈舞步霧團開
車聲碌碌揚塵起　八駿蕭蕭捷足雷
鶴駕重登仙母室　侍婢跪奉玉尊醅
主人速客居前坐　佳賓登堂敘舊媒
拋棄塵寰求永樂　此生不再別瑤臺

二千零七年六月廿三日西雅圖南區教友郊遊記

新堡公園車輛集　行人扶老挽兒牽
一年一度郊遊會　無雨無風大好天
敞屋凳條休息坐　南區教友廣開筵
杜師禱告神靈賜　肉餅煙騰冷麪鮮
餐罷拔河男女賽　樂和舞步婦孺旋
轉晴溫暖陰雲散　獲獎歡欣撥眾前

政府領先通貨膨脹（二千零七年六月作）

通貨傳聞膨脹小　移民入籍用錢昂
安全衛國須金鈔　證件隨身跨界疆（一）
九角一枚郵票價　廿元幾十報填張（二）
航空信件因油貴　表格收支入郡藏

勤儉外僑遵法制　聰明政要狠心腸　官衙收費先頭漲　來客掏錢口袋光
護照百元三塊找（三）　退錢無法缺銀惶　規章制度非民識　通過稽查曠日長
生意獨營公定價　經銷總攬斂財娘　層層收刮錢財盡　默默無言口齒傷
國債高升依借券　開支緊縮陷泥塘　選民難解其中祕　竹槓窮敲庫不昌

註：（一）美國政府因防止恐怖。規定出國旅行或在國內乘坐飛機，皆要護照。護照費大漲。
（二）其他各級政府也跟蹤上漲。州郡縣政府對各項申請表格則加收費用。
（三）二千零七年護照費漲到九十七元。二千零八年還要上漲。

憶故鄉江蘇安豐鎮（一）

海漲沙田護水鄉　通衢南北古隄防　范公率眾填沙土　築壩開河衛陌桑
鎮側橋多通下里　串場河運達遐方　堤東古灶今村落　待運鹽山舊包場（二）
潮送春魚肴饌美　炎蒸夏月稻雲香　秋深破殼棉鈴白　冬盡鋤田韭菜黃
合一知行王艮繼（三）　古風嘉紀陋軒揚（四）　翰林進士陳朱第（五）　拔貢掄魁殿試堂（六）
蝴蝶廳中先祖像（七）　春暉堂上燕雛行（八）　農耕海產民安樂　故土安豐百世昌

註：（一）故鄉安豐鎮，在古范公堤上。堤爲宋朝范仲淹率眾所築，防止海水浸入。堤東近處，古時有煮鹽灶

多處，現因海岸東遷，鹽灶不復存在，但該處村落，仍用古時灶名。

（二）作者兒時，安豐鎮東南角曾有鹽包場，堆鹽如山待運。

（三）王艮，字心齋。王守仁弟子，傳陽明知行合一之學，爲明朝著名理學家。

（四）吳嘉紀，號野人，明末清初詩人。有陋軒詩集傳世。

（五）附近村莊新灶陳氏曾有先祖入翰林院。作者高祖子才公進士及第。

（六）作者祖父筠白公拔貢生，廷試榜首。

（七）故居花園蝴蝶廳中陳列歷代祖先遺像。新年初，子孫們在遺像前跪拜。

（八）春暉堂，作者朱氏堂名。

憶母校大同大學

樹掩長牆風景異　春來輕絮碧空揚　四樓巨廈非豪富　二側廳中實驗場

草地青青觀雀躍　館中默默借書藏（一）　晨開接踵門房擁　課散摩肩走道忙

化室東樓飄蛋味（二）　麵包鄰廠溢廚香（三）　絃歌講誦三千眾　文理工商四院堂

教授諄諄詳解答　學生汲汲閱篇章　期終考試分班遠（四）　管理經營教務良

啓泰慧珠同校戀　朱顏翠柳白頭行　大同世界難期達　烏託邦鄉作試嘗（五）

註：（一）校內圖書館中禁止大聲講話。
（二）化學實驗室在二樓東側，時有硫化氫臭味散佈。
（三）學校西面，有當年上海市著名沙利文麵包廠。中午烘烤麵包，時溢廚香。
（四）期終考試場所，依學生學號排座。鄰座少有同班同學。
（五）大同大學世界語譯名爲 LA Universitato Utopia 。Utopia 爲英人謨耳小說理想中之島國，舉凡社會上，政治上各種設施皆盡善盡美。

老年不是逞強時（二千零七年病後作）

老年不是逞強時　往往勤勞力不支　病毒候機繁殖快　細菌感染蔓延隨
肺炎侵害高燒發　皰疹無情水泡滋　焦急恐惶何益有　平和養息勿撐持
多餐少食無飢飽　禁酒辭煙刺激離　稍動微勞舒骨骼　輕歌常聽少遐思

公司股票（一）

國事談民主　公司利益爭　盈餘高位富　虧損職工更
股價搖搖上　謠言片片生　萬人牟利想　小戶望空瞠

上漲投機眾　追隨轉瞬盲　春潮漁汎湧　財閥捕網贏

註：（一）美國股票市場，控制在大戶手中，大戶買進，小戶跟蹤。大戶拋出，小戶虧本，有如捕網捉魚。

債台高築

公司走下坡　物價上揚哦　昔日開支少　今年困窘多
工商遭陷滯（一）　我輩苦張羅　借款延期付　無錢負債拖
加薪難獲得　捐稅又催科（二）　費用時時漲　生機日日苛
退休留賬戶　救急刈青禾　老至無錢苦　思之喚奈何

註：（一）陷滯，鬱結不通也。
（二）催科，催收捐稅。租稅有科條法規，故稱。

讀胡適之嘗試集嘗試後集有感

名人字適之　低估舊詩詞　近體規章峻　新嘗白話辭
抒情難入譜　意境欠新思　棄舊揚新幟　崇洋壓仲尼
文章邀顯貴　北美拜名師　研究成專集　書坊得舊奇（一）

紅樓驚夢艷　黛玉葬花癡　百載民生苦　千年史事馳
先生無意及　我輩豈容羈　鴿子隨風轉（二）　唐人捕影詩

註：（一）胡先生在舊書店購入原本紅樓夢。專心研究。遂成紅學專家。
（二）胡先生曾有白話詩鴿子一首。作者翻譯成近體詩如下：

胡適之鴿

雲淡天高好爽秋　一群鴿子疾飛遊　三三兩兩環迴逐　映日翻身白羽裘

流氓（二千零七年作）

都市有流氓　凶殘狠過狼　婦孺欺壓詐　親友騙誠良
育弟成仇敵　收徒聚黨幫　趨炎爭食色　附勢逞強梁
拍馬迎高貴　吹牛達帝鄉　多方尋獵物　到處覓孔方
利己陰謀毒　損人心意狂＊　遊閒無職業　老病吃兒郎

讀朱務民現代寓言故事，老吾老，篇後（一）

災後餘生祖與孫　一朝罹難毀家園　三餐不繼無時飽　四海飄零少夜溫
富室喜兒留作僕　老人礙事應離村　爺爺謝主辭行去　寶寶驚啼涕淚吞
兒老將來如祖歲　到時也會出君門　如今爺別無人顧　長日心酸刻骨昏
說罷追隨扶祖去　唏噓緩步不前奔　主人招返嘉兒孝　四眼汪汪叩主恩

註：（一）作者讀朱務民現代寓言故事，老吾老，後，心有感焉，因作此詩。

詠牛

龐然大物性和馴　背載玩童牧草茵　春播犁田耕地苦　秋收碾稻穀場辛
母牛擠奶多人飲　鼻孔穿針小犢瞋　軛頸拖車輜重載　衝鋒陷陣尾焚薪（一）
排行遜後穿瘉鼠（二）　恩寵難追外廄駰　服役終身心盡瘁　鞭笞臀部背酸呻
遲行老病難膺重　氣喘衰頹奮力忞（三）　議價磋商屠戶購　汪汪二眼別親人

註：（一）戰國時，齊將田單，被燕軍圍於即墨。單集牛千餘，角束兵刃，尾束灌脂薪芻。夜半驅牛出城，而焚牛尾。牛痛，直衝燕軍，大破之。

（二）地支中，子鼠丑牛，牛在鼠後。

（三）忞，勉強。

詠　羊

青青山上草　咩咩水邊羊　足健攀高險　毛多耐冷長
角堅無鬥志　畏敵避豺狼　走脫沿溪路　奔行入牧場
牧人留寄獸　家畜散平岡　春至新茅綠　秋來茂草黃
產羔多母乳　入口勝瓊漿（一）　祭祀肥羊宰　新年問吉祥

註：（一）瓊漿，仙人的飲料。

野　草

野草不因人事限　風飄種籽去遐荒　春初苗弱莖無力　夏至根深幹健強
雨打霜寒蟲蟻害　花開葉茂蝶蜂忙　黃雲紅火爭嬌艷　丹桂芝蘭釋蕙香

結子秋風吹處遠　伸根冬雪入泥藏　牛羊踐食耘耡害　日日生生漸漸昂

龍

天上通靈物　潛藏水府宮　升空攜海將　出水帶霓虹
乾旱霖時雨　驚雷醒蟄蟲　鱗光催閃電　尾捲起狂風
夏禹圖騰誌（一）　真龍聖主躬　萬年神物佑　華夏族和融

註：（一）見郭沫若《關於晚周帛畫的考察》「龍是夏民族的圖騰。」

鵬鳥

煙塵瀰大地　鵬鳥向西飛　渴飲蓮池水　饑餐野蕨薇
翼遮明月影　身裹彩雲衣　霧重高難及　星遙目有輝
雄心探造化　壯志究玄機　奮力爭先進　高瞻究細微
蒼茫三島小　廣闊七洋霏　天外多佳士　東山賞曙暉

第八章　潘　跋

朱君啓泰大著《排律詩抄》：

今古陶朱繫一身
奔流翰墨寫天真
文章太守詩豪傑
自歎班斧不如人

註：朱君初作詩時，曾「問道於予」，並贈詩有「戶外窺班斧」句，故云。

二千零七年八月潘錫龍於西城敘香園

敬謝錫龍先生贈我詩跋

班斧傳薪得寸身
時來率性記言真
文章太保詩橫練
才淺粗豪魯直人

二千零七年九月朱啓泰於華州雲通嶺

第九章 編後記

二千零八年真是多事之年。年初二月，西雅圖華埠中華門牌樓開張，我寫了一首「洋洋大觀記牌樓」。五月初美國中部時有龍捲風肆虐；和緬甸的大風暴。五月十二日中國四川成都西北地區發生強度八級的大地震，死傷枕藉，慘不忍睹。因此又寫了一首「長歌當哭」。接下去是美國總統初選，到民主黨候選人奧巴馬當選總統和中國北京奧運。這些劃時代性的大事，使得我停不下筆來，陸陸續續地寫了六首排律詩記事。

到了十二月，我計算一下，「排律詩抄」已超過八十首，應該可以送到書局排印出版了。但西雅圖區酷寒終日，連續不斷地下雪。我們這些老人，關在家中，不敢外出。大雪連續二星期。我又寫了一首「二千零八年十二月西雅圖區大雪酷寒記」。

聖誕節後，心血來潮，覺得我的一生中，影響最大的事項，首推日本侵華。牠使得我們離鄉背井，流離顛沛。當年老家的庭園，也只有一些模糊的印象。在外艱苦的生活，迫使我們這批海外遊子，進取爭先，意氣風發。現在即使老了，依然是豪情萬丈，自強不息，妄想發揚光大我們中華文化。因此我也應當寫一首六十年前日本侵華的排律長詩，讓世人知曉。

記得二三年前曾寫過一首「聲討日本歷史教科書篡改侵略史實記事」的七律詩，找出來作爲底稿。起初一兩天內寫了前面的幾句，後面便連接不上了。第三天靈感忽然來臨，一口氣竟然寫了三四十句。然後便陸續增加充實。想不到於二日內便完成了六十四句的排律長詩。這也許是歸功於多年來，死於倭刀鎗炮下千萬冤魂的召喚，幫助我完成這首廿世紀內慘痛的史詩。

也許有人認爲史詩是不必要的古董。因此現在很少有人寫作。只讓長恨歌和圓圓曲等幾首古詩，艷壓羣芳。而光輝燦爛的離騷，卻只有文史學者，偶爾翻讀。真有詩文掃地之歎。

寫到這裡，想起羅鏞樓先生所著的律詩源導論中的一段「唐詩的聲律就是用平仄律所形成的時長爲拍節，及四（五）聲調位爲音階，構成旋律，與我中國的語言有不可分割的關係，自可歷千百世而不易，放諸四海而皆準。」上節中的「艷壓羣芳」，如用意義相同的「美壓羣芳」，便覺得不很調和。其實「艷」與「美」同是仄聲字。只是「艷」字是去聲，「美」字是上聲。如此而已。這便是我的詩中常用通俗的成語或俗語的原因之一。

詩不僅是發發個人的牢騷，或者是博取多情人的眼淚而作。詩人應當要從大處作想。談談子孫禍福，軍國大事，政經問題以及社會風氣等等。凡是文筆能寫的題材，詩人也應當努力嘗試，爲各色各樣的題材寫詩。不能固步自封。孤高自許。

其實在現代世界上，長詩的題材，比比皆是。要讓詩人們耐性去找，去想，去寫，去實踐。排律詩自唐代以後，很少有人耐心寫作。王觀堂認爲排律體制不如七律，這是不正當的說法。也許因爲他很少寫長篇詩，不知排律的優越難寫。據我所知，排律詩因爲牽涉廣泛，詩人需要有文史，軍政，藝術，科技，星象等一般常識，懂得收集資料。才能加以吸收，消化。再者，詩人要有編纂組織的能力，分門別類地清理，運用，安排。第三、要有無比的耐心，去追求「真善美」最高的藝術境界。以上三項，我也是如小孩一樣，開始學習前進。只是我已老邁龍鍾，時不再來，不勝噓唏。希望年輕有爲之士，繼往開來，發揚中華詩學。這是我寫這篇「編後記」的願望。

最後，在我八年學詩生涯中，我的賢內助柳慧珠女士給我的幫助最大。因此寫了下面的一首藏頭詩，作爲酬謝。

朱府迎賢婦　柳門聯戚姻*　慧根仙圃得　珠淚葬翁辛（一）
才志商科習　高專教導諄　行尋家屬苦（二）　義信友朋珍
德庇猶兒立（三）　追隨海外嚬（四）　孟嘗賓客悅　光化拙夫身

註：（一）一九七八年啓泰往中國探訪家人親屬，並往臺灣侍父半月後回美，驟接電話，得悉父親病危。當時因公司新開發七六七飛機，無暇分身。遂由慧珠，媳代子責，赴臺照料，並安排葬事。歷時三月，倍受苦辛。

（二）一九七六年慧珠初次自美回國省親，尋找啓泰家人，多方探尋，找到母親及弟妹等人消息。

（三）一九八〇年，朱翔來美，隨後啓寅一家及慧珠姪女來美，一切移民手續及升學費用。一直到他們成家立業，皆由慧珠經管。

（四）一九五〇年慧珠隻身從上海到臺灣結婚。十年後又從臺灣到美國團聚。